कस्मै देवाय

कस्मै देवाय

अरुण मिश्र

प्रतिभा प्रतिष्ठान, नई दिल्ली

प्रकाशक : प्रतिभा प्रतिष्ठान,
1661 दखनीराय स्ट्रीट, नेताजी सुभाष मार्ग, नई दिल्ली-110002
 / संस्करण : प्रथम, 2015 / मूल्य : दो सौ रुपए
मुद्रक : आर-टेक ऑफसेट प्रिंटर्स, दिल्ली ISBN 978-93-83111-61-9

KASMAI DEVAYA *Poems* by Arun Mishra Rs. 200.00
Published by Pratibha Pratishthan, 1661 Dakhni Rai Street,
Netaji Subhash Marg, New Delhi-110002

समर्पण

प्राणि-मात्र में, जड़-पदार्थ में,
नारी-नर में, जो वैश्वानर।
सर्व-भूत-हित, जो परिकल्पित,
यह हवि, उसे समर्पित सादर॥

नित-नूतन, संधान उसी का,
जो शाश्वत, पर नित-नवीन है।
देश-काल, घट-घट-व्यापी जो,
अर्घ्य उसी को, समीचीन है॥

आभार

'विनवहुँ मातु सरस्वति, चरना!' अतः सर्वप्रथम कृतज्ञता तो उन माँ वीणापाणि को अर्पित करता हूँ, समस्त ललित-कलाएँ जिनकी कृपा-प्रसाद मात्र हैं। इस अकिंचन पर भी किंचित कृपा-दृष्टि हेतु उन्हें बार-बार नमन है।

'ईशावास्यमिदं सर्वं यत्किञ्च जगत्यां जगत्' वाले 'ईश' का कृतज्ञ क्यों कर न होऊँ—यह निखिल सृष्टि जिनकी सर्वोत्कृष्ट कविता सी है। अनंत सौंदर्य एवं अथाह रस से परिपूर्ण। मनुष्य की समस्त चेतना, संवेदना, कला, विद्या, बुद्धि; यहाँ तक कि उसका स्वयं का अस्तित्व भी जिसकी रुचिर रचना है।

आदि कवि से लेकर आज तक के उन समस्त महान् कवियों (विशेषकर संस्कृत, हिंदी और उर्दू के) और उनके काव्य का ऋणी हूँ, जिनके जिस किसी भी मौलिक अथवा अनूदित अंश तक जब भी कभी पहुँच पाया हूँ सदैव विस्मित, हर्षित, रोमांचित, आनंदित और प्रेरित होता रहा हूँ।

मैं अपने उन समस्त अग्रज कवियों तथा साहित्य-मनीषियों का भी कृतज्ञ हूँ, जिनके सान्निध्य का सौभाग्य मुझे प्राप्त हो सका। स्मृति-शेष प्रोफेसर कुँवर पाल सिंह, जिन्होंने मेरे पहले काव्य-संग्रह 'अंजलि भर भाव के प्रसून' की समीक्षा (माध्यम, अप्रैल-जून, 2003 में प्रकाशित) लिखकर मेरा उत्साहवर्धन किया; का मैं चिरऋणी रहूँगा। मूर्धन्य गीतकार, आदरणीय शिव बहादुर सिंह भदौरियाजी का भी हृदय से आभारी हूँ, जिनका आशीर्वाद और उत्साहवर्धन मुझे मिला है।

अपने से उम्र में बड़े, बराबर और छोटे उन सभी कवि और शायर मित्रों

का भी आभारी हूँ, जिनको मैंने अपनी रचनाएँ सुनाई हैं और यदा-कदा सराहना प्राप्त की है।

मैं उन सभी के प्रति अपनी कृतज्ञता अर्पित करता हूँ, जिन्होंने इस पुस्तक के प्रकाशन में प्रत्यक्ष अथवा प्रच्छन्न सहयोग दिया है।

—अरुण मिश्र

आत्मनिवेदन

'कस्मै देवाय' यह शब्द-युग्म, मुझे बालपन से ही आकर्षित करता रहा है। यद्यपि तब इसके अर्थ का कुछ बोध न था। केवल शब्दों का ही आकर्षण था। इसे पहली बार मैंने पिताजी की डायरी में देखा था। पुराने समय में पढ़े-लिखे लोगों की एक बहुत ही अच्छी आदत थी कि वे लोग प्राय: अपनी एक निजी डायरी या नोट-बुक अवश्य रखते थे, जिसमें उन्हें जब जो कुछ अच्छा लगता अथवा प्रभावित करता था, उसे नोट कर लेते थे। प्राय: इसमें मंत्र, भजन, कविताएँ, सूक्तियाँ और उपन्यासों से लिए गए साहित्यिक उद्धरण तथा यथा रुचि लोकगीत आदि होते थे। जिज्ञासु बालकों के लिए ये डायरियाँ अमूल्य, पर सहज-सुलभ पठनीय सामग्री का स्रोत हुआ करती थीं। मैंने अपने घर में प्राय: सभी बड़ों के पास ऐसी डायरियाँ देखी हैं।

मैं पहली कक्षा में पढ़ने के लिए बाबाजी के पास से पिताजी के पास, वर्ष 1956 में बाराबंकी से खड़गपुर गया तब तक मुझे घर पर भली-भाँति अक्षर-ज्ञान करा दिया गया था। खड़गपुर आने पर मेरी पहचान पहली बार विद्यालय के साथ-साथ पिताजी की डायरी से हुई। पिताजी की हस्तलिपि बहुत सुंदर है, मोती जैसे अक्षरों में उनकी डायरी जिस मंत्र से शुरू होती थी वह यूँ है—

हिरण्यगर्भः समवर्तताग्रे भूतस्य जातः पतिरेक आसीत्।
स दाधार पृथिवीं द्यामुतेमां कस्मै देवाय हविषा विधेम॥

(ऋग्वेद, 10/121/1)

इस पूरे मंत्र में 'कस्मै देवाय' ने मुझे शायद इसलिए आकर्षित किया कि एक तो इसे पढ़ने में तब शायद मैं सफल हो गया था और दूसरा कारण शायद यह था कि नीचे लिखे मंत्रों में बार-बार इसकी आवृत्ति हो रही थी। अपने समस्त अक्षर-ज्ञान के बावजूद पूरा मंत्र न पढ़ पाने पर मेरे बाल-मन को अवश्य ही बहुत बुरा लगा। फिर पिताजी से जाना कि यह मंत्र ऋग्वेद का है और संस्कृत भाषा में है। उन्होंने मुझे इसे पढ़ना भी सिखाया और अर्थ भी बताया। अर्थ आदि का तब मैं क्या करता पर हाँ, दो बातों से मैं बहुत खुश हुआ—एक तो संस्कृत भाषा में लंबे और कठिन से दिखनेवाले शब्दों को पढ़ने की विधि जान-समझ कर और दूसरे जैसा कि अब सोचता हूँ 'कस्मै देवाय' की शाश्वत वैदिक जिज्ञासा को अवचेतन में ग्रहण कर। मुझे लगता है कि बड़े होने पर सृष्टि और जीवन को देखने, समझने एवं अभिव्यक्त करने में मेरी इस अवचेतन में स्थित जिज्ञासु-वृत्ति का काफी प्रभाव तथा योगदान रहा है।

तुकबंदी मैंने पाँचवीं-छठी कक्षा से और कविताएँ लिखना नौवीं-दसवीं कक्षा से शुरू कर दिया था। 'प्रकृति' और 'परंपरा' सदैव ही मेरे प्रमुख आकर्षण रहे हैं। भारतवर्ष, भारतीय चिंतन, भारत की ऋतुएँ, उत्सव, तीज-त्योहार, आराध्य देवी-देवता, महापुरुष, प्राकृतिक सुषमा, पृथ्वी, आकाश, रस, रंग—इन सबको मेरे कवि-मन ने आत्मसात् कर समय-समय पर अभिव्यक्त करने की चेष्टा की है। प्रस्तुत संकलन के 'कस्मै देवाय हविषा विधेम' खंड में तद्‌विषयक पच्चीस कविताएँ संकलित हैं। इसमें एक कविता 'कस्मै देवाय हविषा विधेम' भी है, जो परंपरा से प्राप्त औपनिषदिक जिज्ञासा की ही प्रतिध्वनि है। भारतीय वैदिक जिज्ञासा का सब से सबल पक्ष यह है कि जिज्ञासा और उत्तर दोनों शाश्वत भी हैं और सतत भी। उत्तर सदैव समक्ष है पर जिज्ञासा भी हमेशा अपनी जगह बरकरार है।

वर्ष 2001 में मेरी कविताओं का पहला संकलन, 'अंजलि भर भाव के प्रसून' प्रकाशित हुआ था। 'कस्मै देवाय' की कविताएँ और गीत प्राय: उसके बाद के हैं। भावानुवाद आदि कुछ रचनाएँ वर्ष 2000 के पूर्व की हैं। महापंडित रावण, महर्षि वाल्मीकि, आदि शंकराचार्य, श्रीमद् वल्लभाचार्य

आदि की रचनाओं के भावानुवाद परंपरा को मेरी विनम्र प्रणामांजलि ही है।

अपनी कुछ प्रिय नज़्मों और कुछ विविध रचनाओं को भी इस संकलन में शामिल करने के लोभ का संवरण मैं नहीं कर पाया हूँ। इस संग्रह में कुल 51 रचनाओं को पाँच खंडों, क्रमशः 'कस्मै देवाय हविषा विधेम', 'मेरे गीत सहज तुम रहना', 'नज़्म', 'भावानुवाद' और 'विविधा' में संकलित किया गया है।

अपनी कविताओं के विषय में स्वयं कुछ कहना न तो मुझे आवश्यक प्रतीत होता है और न ही उपयुक्त! हाँ, इतना जरूर कहूँगा कि मेरी कविताओं ने मुझे बहुत आह्लादित किया है और यदि ये आपको भी किंचित् आह्लादित कर सकीं तो अपने प्रयास को धन्य मानूँगा!

—अरुण मिश्र

अनुक्रम

द्वितीय खंड : मेरे गीत सहज तुम रहना

तृतीय खंड : नज़्म

चतुर्थ खंड : भावानुवाद

पंचम खंड : विविधा

प्रथम खंड

कस्मै देवाय हविषा विधेम

विनवहुँ मातु सरस्वति!

विनवहुँ मातु सरस्वति! चरना।
कलुष, कुबुद्धि, कुसंसय हरना॥

शुभ्र वसन शुभ-अंग विराजे।
कर निज वीणा, पुस्तक साजे।
फटिक—माल उर, हंस सवारी।
करहु कृपा, कवि-कुल-महतारी॥

बंदउँ चरन-कमल सुख-करना।
सब तजि मातु, गहउँ तव सरना॥

विद्या, बुद्धि, ज्ञान अरु प्रज्ञा।
मिलइ न मातु, तुम्हारि अवज्ञा।
सकल कला कीरति कै दाता।
तव पद-पंकज नेहु, सुमाता॥

प्रणवहुँ कमलासना, सु-बरना।
तुम रक्षक, काहू को डरना॥

□

हे ! हिरण्यगर्भा धरती माँ

'स्वर्ग कल्पना मात्र,
स्वर्ग का, कल्पित वैभव।
पृथुल संपदा, सुख,
केवल पृथ्वी पर संभव॥'

हे! हिरण्यगर्भा धरती माँ
अन्नपूर्णा, शस्य-श्यामला।
मोदमयी है गोद तुम्हारी,
तेरे सम्मुख स्वर्ग क्या भला?

रोम-राजि सब वृक्ष वनस्पति,
पर्वत-सागर अंग सलोने।
हरा-भरा है तेरा आँचल,
जीव-जंतु सब तेरे छौने॥

जब से चक्षु खुले, माँ तेरे
वैभव का वैविध्य निहारा।
तेरे स्तन-नद-जल से है,
निर्मित सारा रक्त हमारा॥

तेरे श्वासों का समीर ही,
लगा रहा प्राणों में फेरे।
जिस रजकण से तू निर्मित माँ,
वह क्षिति-तत्त्व, देह में मेरे॥

हे! ममतामय महाधरित्री,
तू जग को धारण करती है।
अन्न-वायु-जल के अमृत से,
हम सब में जीवन भरती है॥

अमर रहे भू पर जीवन-क्रम,
हों सुपाच्य सब धान्य और फल।
हृष्ट-पुष्ट हों जीव-जंतु सब,
वायु स्वच्छ हो, जल हो निर्मल॥

धरा, पवन, जल करे प्रदूषित
जो, वह सब अविवेक हटाओ।
माँ! अपनी करुणा से, संतति
के मन में, श्रद्धा उपजाओ॥

□

द्यौ ऊर्जा का उत्स

द्यौ, जिसमें द्युतिमान
असंख्यों रवि, शशि, तारे।
वृहत् व्योम-गंगाएँ
अगणित, छोर पसारे॥

द्यौ, जिसमें ब्रह्मांड,
सृष्टि, सब लोक समाहित।
या फिर, निखिल-सृष्टि
ही, द्यौ संज्ञा से अभिहित॥

द्यौ, जिसमें हर पिंड
परिभ्रमित, वक्रित, ईषत।
द्यौ से संकेतित,
अनंत संभाव्य भविष्यत॥

द्यौ स्थिर है, द्यौ गतिमय,
द्यौ सतत स्फुरण।
द्यौ प्रशांत अति, परम-
ब्रह्म का चरम-विस्तरण॥

द्यौ तेजोमय, ज्योतिर्मय,
अमृतमय आलय।
परम-पुरुष का जिसमें,
सब कुछ होता है लय॥

महाज्योति से कृष्ण-छिद्र
तक, इस गह्वर में।
सब कुछ सदा समाहित
है, इस महा-उदर में॥

द्यौ, ऊर्जा का उत्स,
श्रोत अक्षय विकास का।
एकमात्र आश्रय, समस्त
तम का, प्रकाश का॥

दृश्य-अदृश्य समस्त
जगत् का, जो विलास है।
अंतरिक्ष, द्यौ, गगन,
शून्य, यह महाकाश है॥

□

शक्ति-रूपा अग्नि!

अग्निमय विस्फोट से, की
ब्रह्म ने है, सृष्टि रचना।
अग्निमय आलोक में ही,
देखती है, दृष्टि रचना॥

गहनतम में ज्योति का है,
संचरण भी अग्निकर्मा।
और जिससे जग प्रकाशित,
वह किरण भी अग्निधर्मा॥

अग्निमय आकाश-मंडल,
अग्नि से निर्मित धरा है।
अग्नि से नक्षत्र चक्रित,
अग्नि से गति है, त्वरा है॥

अग्नि से सब लोक भासित,
अग्नि से संसार सारा।
देवता तक हवि पहुँचती,
अग्नि का ही ले सहारा॥

है धरा के कुक्षि में,
ज्वालामुखी की ज्वाल चंचल।
अतल सागर के तलों में,
तप्त बड़वानल, रहा जल॥

सजल मेघों के हृदय में,
बन चपल चपला चमकती।
शुष्क कानन-काष्ठ में है,
जड़-शिला-घर्षित दहकती॥

अग्नि से उष्मा ग्रहण कर,
जगत् के सब जीव उपजे।
ज्योति का कर संक्रमण,
विधि ने सचेतन प्राण सिरजे॥

ताप से जल-वायु-मय,
ऋतु-चक्र होता है नियंत्रित।
मेघ झरते, वन हुलसते,
अन्न पकते, सर्व-जन-हित।

अग्नि सर्जक, अग्नि पोषक,
अग्नि दाहक तत्त्व लौकिक।
अग्नि रक्षक, अग्नि भासक,
अग्नि तमनाशक अलौकिक॥

अग्नि से उत्पत्ति सबकी,
अग्नि में होते सभी लय।
अग्नि अविनाशी, अमर है,
अग्नि ऊर्जा-स्रोत अक्षय॥

अग्नि आभा, अग्नि ऊर्जा,
अग्नि ऊष्मा-ताप जग में।
अन्न-जल-फल-पुष्प-दात्री,
मेटती हर पाप जग में॥

अग्नि से हैं यज्ञ धारित,
यज्ञ से हैं लोक-मंगल।
शक्ति-रूपा अग्नि! तुझमें,
जाएँ सब कल्मष-कलुष जल॥

□

बनकर सोम छलकता है रस

क्या रस है, जो सींझ रहा है,
रोम-रोम में, शिरा-शिरा में?
प्रवहमान है उर में, मन में,
ध्वनि, स्वर, वाणी, कंठ, गिरा में?

ऊर्ध्वमुखी कैसा रस, धरती से
वाष्पित होता अंबर में?
झरता है फिर, सजल मेघ से,
हरित लताओं के अंतर में।

मृदुल वनस्पतियों के मधु में,
होता है परिपक्व, परिष्कृत।
स्निग्ध, सौम्य शशि की शीतलता,
रवि-आतप-ऊर्जा सम्मिश्रित॥

मंथर-मंथर पवन झकोरों-
के दोलन से, हो उपचारित।
पंच-तत्त्व से, प्राण-तत्त्व से,
अमृत-तत्त्व से, होकर भारित॥

बनकर सोम, छलकता है रस,
जड़–चेतन पात्रों में छल–छल।
तन–मन–प्राण, पुष्ट होते सब,
रस से होती, सृष्टि है सबल॥

□

रंग आँखों को लुभाते

आज फिर से
छा गया है,
रंग का त्योहार
भू पर॥

सब बसन-भूषन रँगे हैं।
तन रँगे हैं, मन रँगे हैं।
रंग की बिखरी पिटारी,
खेत, बगिया, वन रँगे हैं॥

प्राण का
मन का, हृदय का,
आ गया सब
रंग, ऊपर॥

रंग वसंती, रंग गुलाबी,
लाल, पीले और नीले।
रंग, जो खुशबू भरे हैं;
रंग रसभीने, रसीले॥

गाल पर
खिलते, लजीली
उँगलियों के
पोर, छू कर॥

रंग आँखों को लुभाते।
रंग साँसों में समाते।
रंग रग-रग में हमारे,
रक्त बनकर, सनसनाते॥

रंग छलकें
आँख में;
मुसकान बन,
थिरकें अधर पर॥

□

झर रहे निर्झर सुरीले

वंदना करिए धरा की;
धरा के पर्यावरण की॥

झर रहे निर्झर सुरीले,
और नदियाँ बहें कल-कल।
ताल-पोखर, झील-सागर,
हर तरफ है, नीर निर्मल॥

चर-अचर जिसमें सुरक्षित,
स्नेहमय उस आवरण की॥

मंद, मंथर पवन शीतल;
आँधियों का तीव्रतर स्वर।
सर्वव्यापी वायु पर ही,
प्राणियों की साँस निर्भर॥

जीव-जग-जीवनप्रदायिनि-
प्रकृति के शुभ आचरण की॥

अन्न के भंडार दे भर,
भूमि उर्वर, शस्य-श्यामल।
भूख सबकी मेटने को—
वृक्ष फलते हैं मधुर फल॥

माँ धरा की गोद के,
इस मोदमय वातावरण की॥

□

कस्मै देवाय हविषा विधेम

‘पूर्ण से है पूर्ण अर्जित;
पूर्ण यह भी, पूर्ण वह भी।
पूर्ण से संपूर्ण लेकर,
शेष जो कुछ, पूर्ण वह भी॥’

(ॐ पूर्णमदः पूर्णमिदं पूर्णात्पूर्णमुदच्यते।
पूर्णस्य पूर्णमादाय पूर्णमेवावशिष्यते॥
—ईशोपनिषद्)

प्रणति करें हम किस सत्ता की,
कर्म-यज्ञ से किसका वंदन?
जीवन-समिधा की हवि देकर,
किस विराट् का हो अभिनंदन?

कौन देव है, कौन पुरुष है,
कौन ब्रह्म है, कौन नियंता?
कौन प्रखर पूषन-परमात्मा,
सर्जक, पालक-पोषक, हंता?

कौन कि, जो यदि है तो सब है,
किससे यह सब जग आच्छादित?
कौन भला, जिससे-जिसमें है,
सकल सृष्टि, संभूत-समाहित?

लघुतम कण से, महाकाश तक,
किसकी लघिमा, गरिमा विस्तृत?
किसकी गति से, गतिमय जीवन,
किससे है लय-प्रलय नियंत्रित?

इंद्र, सोम, पर्जन्य, वरुण, क्षिति,
अग्नि, वायु, आकाश, मित्र वह।
वही शून्य है, पूर्ण वही है,
सरल, सहज, अद्‌भुत, विचित्र वह॥

वन, औषधि, तरु, लता, वनस्पति,
जल-थल-नभ के सब जड़-चेतन;
सुकृति-विकृति, संज्ञा-अवचेतन,
स्मृति, प्रज्ञा, प्राण, बुद्धि, मन।

जिसके प्राणों से अनुप्राणित,
संचालित, जग का विधान है।
वेद-ऋचाओं की स्तुतियाँ,
जिसे समर्पित साम-गान है॥

दिग्-दिगंत में बहे समीरण,
जिसके उच्छ्‌वासों से ऊर्जित।
जिसका स्वर है मुखर, निरंतर;
अविरल अनहत-नाद निनादित॥

अवनि और अंबर प्रदीप्त हैं,
जिसके तेजोमय प्रकाश से।
पुष्प-पुष्प हँसते उपवन में,
मंगलमय के मृदुल-हास से॥

पूर्ण-ब्रह्म के प्रतिरूपण हैं,
पादप-पादप, प्रस्तर-प्रस्तर।
मैं, तुम, वे; सब पूर्ण-ब्रह्म हैं,
केवल बाह्य-दशा का अंतर॥

प्राण-प्राण में ब्रह्म संचरित;
अगणित पग-भुज-इंद्रिय-आनन।
प्रकट ब्रह्म है, दृश्य-श्रव्य-जग,
सरिता-सागर, पर्वत-कानन॥

प्रति पदार्थ, संपूर्ण स्वयं में;
पूर्ण जीव-जड़, पूर्ण चराचर।
परम ब्रह्म का महातेज ही,
कण-कण में, प्रतिक्षण है भास्वर॥

प्राणिमात्र में, जड़-पदार्थ में,
नारी-नर में, जो वैश्वानर।
सर्व-भूत-हित, जो परिकल्पित,
यह हवि, उसे निवेदित सादर॥

नित-नूतन, संधान उसी का,
जो शाश्वत, पर नित नवीन है।
देश-काल, घट-घट-व्यापी जो,
अर्घ्य उसी को समीचीन है॥

□

नव–वर्ष

मन की भूमि सदा उर्वर हो,
और हृदय का ताप सबल हो।
आशाओं का सूरज चमके,
स्नेह–जलद का अमृत–जल हो॥

बरस–बरस की स्मृतियों के,
बीज गड़े अंतर में गहरे।
नए साल में फिर अँखुआएँ,
नई फसल खुशियों की हहरे॥

□

रस-रंग-सिक्त-सुंदर वसंत

आया वसंत,
आया वसंत।
मेरे मन में
लहरें अनंत॥

रंगों का ज्वार उठे जिनमें,
हर पुष्प-पुष्प लगता सागर।
उपवन की कली-कली आतुर—
छलकाती निज मधु-रस गागर॥

है पवन—
पराग-धूलि-बोझिल,
सुरभित हैं—
सारे दिग्-दिगंत।
रस-रंग-सिक्त-
सुंदर वसंत।
मेरे मन में—
लहरें अनंत॥

मंथर-मंथर मादक-बयार।
कण-कण में यौवन का उभार।
पल्लवित लताएँ, पुष्पित तरु,
नत आम्र-विटप, मंजरी-भार॥

है प्रकृति लुटाती—
मुक्त-हस्त,
अपनी
सुषमा-निधियाँ अनंत।
मंजुल, मोहक,
मनहर, वसंत।
मेरे मन में—
लहरें अनंत॥

बगिया-बगिया कोयल बोले।
पुरवइया, अवगुंठन खोले।
चुनरियाँ-वसंती, बल खाती,
फिरतीं, अँगना-अँगना डोलें॥

करता है तन-मन
रोमांचित,
घुलता है
जीवन में वसंत।
मृदु, मधुर, मदिर
मादक, वसंत।
मेरे मन में—
लहरें अनंत॥

हैं, वन–उपवन महके–महके।
विहगों के स्वर चहके–चहके।
बहके–बहके आबाल–वृद्ध,
गा रहे फाग, लहके–लहके॥

मधु–रस–प्लावित
सब जड़–चेतन;
झर–झर झरता
निर्झर, वसंत।
जीवन के
श्वेत–श्याम छवि में
दे, इंद्रधनुष–रंग
भर वसंत॥

आया वसंत,
छाया वसंत।
मेरे मन में
लहरें अनंत॥

□

फागुन रितु आई रे!

आई रे! फागुन रितु आई रे!
पोर-पोर में, अंग-अंग में,
किस अनंग ने, अलख जगाई रे!

फूली सरसों, फूली अरहर।
बौरे बाग, आम के मनहर।
दहके टेसू, महके महुआ।
चली फगुनहट स-र-र-र सरसर॥

नव वसंत ने ली अँगड़ाई रे!
आई रे! फागुन रितु आई रे!

गेहू-जौ झूमें गदराए।
चना-मटर सब लट छितराए।
अल्हड़ फलियाँ बाट जोहतीं,
किस पाहुन का, सुधि बिसराए?

होली बजा रही शहनाई रे!
आई रे! फागुन रितु आई रे!

अवध-वीथिकाएँ, ब्रज-गलियाँ।
मना रहीं निसि-दिन, रंगरलियाँ।
राम-श्याम, दुइ भ्रमर गुंजरत,
खेलत, हँसत, खिलावत कलियाँ॥

भारत भर में, धूम मचाई रे!
आई रे! फागुन रितु आई रे!

□

है वसंत जीवन का उत्सव

कालचक्र है सतत परिभ्रमित,
बदल-बदल ऋतुओं के चोले।
कभी शुष्क है, कभी आर्द्र है;
आतप-शीत रंग बहु घोले॥

जीर्ण-पत्र सब झरे द्रुमों से,
शिशिर-गलित, हेमंत-विदारित।
फिर वसंत ने ली अँगड़ाई,
फिर से आम्र, मंजरी-भारित॥

पत्रोत्कंठित एक-एक तरु,
विटप-विटप नव-पल्लव-भूषित।
मन्मथ-दुंदुभि सुन वसंत की,
प्रकृति, सृजन-आतुर मन-हर्षित॥

नवल हरित पत्रों की चूड़ी,
बाँह-बाँह भर पहने डाली।
मेंहदी रची हथेली, पल्लव;
है वसंत की छटा निराली॥

कोयल की मीठी तानें हैं;
विहगों के मनहर हैं कलरव।
हृदयों में उल्लास भर रहा,
है वसंत, जीवन का उत्सव॥

□

होली गुझिया की मीठी है इक तश्तरी

इक नशीला-नशीला सा एहसास है,
ऐसा लगता है, कोई बहुत पास है।
गाँव की बस्तियाँ, फाग की मस्तियाँ;
याद आतीं बहुत, फागुनी मास है॥

*

हर तरफ बिखरा-बिखरा सा उत्साह है।
कुनकुनी धूप है, गुनगुना दाह है।
इन वसंती हवाओं में, क्या-क्या नहीं?
आह है, चाह है, फागुनी माह है॥

*

हो रहा नेहमय सबका व्यवहार है।
हर हृदय में बही एक रसधार है।
रंग के संग बरसे ठिठोली, हँसी;
देश में होली हँसने का त्योहार है॥

*

है उछाहों, उमंगों, तरंगों भरी।
है अबीरों, गुलालों औ' रंगों भरी।
सख्त बाहर से, अंदर नरम खोए सी;
होली, गुझिया की मीठी है इक तश्तरी॥

□

रस–उत्सव

पावस के घन,
भिगो रहे मन।
शमित तृषा उर की,
शीतल तन॥

दानशील मेघों का वैभव।
नभ में है, अभिनव रस–उत्सव।
चंचल, चपल, नृत्यरत चपला,
बादल का रव, मादल का रव॥

ऋतु–वीणा पर,
झंकृत सावन।
पावस के घन,
भिगो रहे मन॥

रैन अँधेरी, कजली–कजली।
नई–नवेली, आतुर बदली।
मेघों के झीने आँचल में—
छिपा रही बिजली की हँसली॥

गत असाढ़, नत
सजल हैं नयन।
पावस के घन,
भिगो रहे मन॥

खेत-खेत पर चूनर धानी।
मौसम की क्या खूब किसानी।
हरे-भरे सब विटप-बाग-वन;
ताल-नदी सब पानी-पानी॥

शिथिल हो रहे,
तट के बंधन।
पावस के घन,
भिगो रहे मन॥

□

क्या खूब साँवले हो!

जब चाँदनी खिली हो और चाँद सामने हो।
देखू तुम्हें, न उसको, क्या खूब साँवले हो॥

भादों की बदलियाँ थीं, थी रैन भी अँधेरी।
आँगन में आ अचानक, तुम चाँद सा खिले हो॥

चितचोर हो, छलिया हो, फिर भी यकीं तुम्हीं पे।
ब्रज की दही से मीठे, तुम दूध के धुले हो॥

तुम राम हो, कान्हा हो, इस मिट्टी की खुशबू हो।
हर साँस में रवाँ हो, अहसास में घुले हो॥

तुझ साँवरे सा उजला, देखा न 'अरुन' हमने।
गो-रस में छलकते हो, मक्खन में तुम सने हो॥

□

मोहन है, कन्हैया है, नटवर है, श्याम है

मोहन है, कन्हैया है, नटवर है, श्याम है।
होकर भी परम तत्त्व, वह हम सब सा आम है।
वंशी है उसकी, सृष्टि के नव-चेतना का स्वर,
राधा, जगत में नेह की लीला का नाम है॥

× × ×

अपने तमाम ऐबों के संग, है वो छबीला।
है काला-कलूटा, मगर है फिर भी रंगीला।
वह, व्यक्ति में भगवान् की है कल्पना सुंदर;
यह कल्पना भी है, उसी भगवान् की लीला॥

□

रक्षासूत्र

बहन, मेरी कलाई पर,
जो तुमने तार बाँधा है।
तो इसके साथ स्मृतियों
का, इक संसार बाँधा है॥

ये धागे सूत के कच्चे।
ये कोमल, रेशमी लच्छे।
दिलाते याद उस घर की,
रहे जिस घर के हम बच्चे॥

इसे बाँधा तो तुमने, फिर
वही परिवार बाँधा है॥

बड़ी हो तो असीसें औ'
दुआएँ बाँधी हैं इसमें।
जो छोटी हो तो मंगल,
कामनाएँ बाँधी हैं इसमें॥

सहज विश्वास बाँधा है।
परस्पर प्यार बाँधा है॥

सुरक्षित हों सदा भाई।
सदा रक्षित रहे बहना।
ये रक्षा-सूत्र है इस देश
के, संस्कार का गहना॥

महत् इस पर्व पर, तुमने
विपुल उपहार बाँधा है।

□

जय रामचंद्र

जय राम, राम, जय रामचंद्र।
शोषित-जन-मन-विश्राम, चंद्र।
दशरथ-हृत्व्योम-बिहारी हे!
रघुकुल के चिर-अभिराम चंद्र॥

शुचि, जीवन-मूल्यों के मापक।
हे पूर्ण-पुरुष! अग-जग-व्यापक।
यश-वाहक, संस्कृति-संवाहक।
मर्यादाओं के संस्थापक॥

हे! दीन-हीन के मन के बल।
मुनि-हृदय-मीन, तव-भक्ति सुजल।
हे! चिर-नवीन-शुभ-आस-रश्मि।
हे! आर्त-दुखी-जन के संबल॥

भारत-भुवि के गौरव ललाम।
हे! संत- सरल-चित-परमधाम।
निष्काम! करो लीला-सकाम।
हे! राम, राम, जय राम, राम॥

□

चंद कंवल तुलसी पे

कल्पना तुलसी के दल, तुलसी पे।
भावना-गंगा का जल, तुलसी पे॥

शब्द-अक्षत के संग, समर्पित हैं।
छंद के चंद कँवल, तुलसी पे॥

है ये श्रद्धा ढली जो, 'शेरों में।
कौन कहता है गजल, तुलसी पे॥

सादगी से कहो, जो बात कहो।
लीजिए इसकी नकल, तुलसी पे॥

ज्ञान-वैराग्य, भक्ति औ' दर्शन।
किस पहेली का न हल, तुलसी पे॥

बातें, जो हैं कठिन, किताबों में।
वो लगें, कितनीं सहल तुलसी पे॥

यूँ ही हुलसी नहीं थीं माँ उनकी।
कौन हुलसे न, अमल तुलसी पे॥

राम तो खुद ही खिंचे आए हैं।
एक भौंरे से, कमल तुलसी पे॥

पैठिए आप 'अरुन' मानस में।
पाइए राम का बल, तुलसी पे॥

□

दिव्य-ज्योति के शत-शत निर्झर

आँगन, द्वार, देहरी पर शुभ,
शत-शत दीप जलें, शुचि-सुंदर।
दीप-दीप से, दिव्य-ज्योति के,
फूट रहे हों, शत-शत निर्झर॥

जगर-मगर दीपों की लौ में,
करें लक्ष्मी-मइय्या फेरे।
डगर-डगर से, नगर-नगर से,
भागें सब दारिद्र्य अँधेरे॥

हे गजवदन! विनायक! गणपति!
मुदित-मगन हों, सब जन-गण-मन।
निर्मल बुद्धि-विवेक-ज्ञान-युत,
स्वस्थ-सबल हों, भारत के जन॥

पर्व स्वच्छता का, प्रकाश का,
स्वच्छ भित्तियाँ औ' घर-आँगन।
आलोकित हो जीवन का पथ,
तन-मन स्वच्छ, स्वच्छ हो चिंतन॥

धूम-धाम, फुलझड़ी-पटाखे,
खुशियाँ, खील, बताशे लइय्या।
बच्चों की किलकारी-ताली,
करे दीवाली ता-ता-थइय्या॥

धूप-दीप-नैवेद्य समर्पित,
सजी आरती की है थाली।
ऋद्धि-सिद्धि, श्री सहित विराजें,
शुभ-मंगलमय हो दीवाली॥

□

अस्तंगत सूर्य को एक अर्घ्य मेरा भी

अस्तंगत सूर्य को
एक अर्घ्य मेरा भी।

दे रहीं असंख्य अर्घ्य,
गंगा की ऊर्मियाँ।
धरती पर जीवन के—
छंद रचें रश्मियाँ॥

चंपई उजाला भी,
रेशमी अँधेरा भी।
अस्तंगत सूर्य को
एक अर्घ्य मेरा भी॥

ऊर्जित कर कण-कण;
शांत, शमित तेज प्रखर।
विहगों के कलरव में,
स्तुति के गीत मुखर॥

ढलता तो रात और
उगे तो सवेरा भी।

अस्तंगत सूर्य को
एक अर्घ्य मेरा भी॥

उदय-अस्त की माला
को, अविरल फेरता।
सृष्टि-चक्र-मर्यादा—
मंत्र, नित्य टेरता॥

जीवन उत्थान-पतन,
सुख-दुख का फेरा भी।
अस्तंगत सूर्य को
एक अर्घ्य मेरा भी॥

□

गांधी जी ध्रुव-तारे से हैं

हिंदियों के हृदय में, बापू बसे प्यारे से हैं।
आसमाने-हिंद में, गांधी जी ध्रुव-तारे से हैं॥

तोपें-तलवारें सदा, गल जाएँगी इस आँच से।
सच-अहिंसा, शस्त्र गांधी जी के अंगारे से हैं॥

संगे-पारस हैं कि जो छू ले उन्हें सोना बने।
एक ही किरदार अपनी तरह के न्यारे से हैं॥

नूर से इस हिंद के, दुनिया हुई रोशन 'अरुन'।
दूर होगा हर कुहासा, गांधी उजियारे से हैं॥

□

गर्वित है छब्बीस जनवरी

ताने लोकतंत्र की छतरी।
गर्वित है छब्बीस जनवरी॥

नेता, अभिनेता, अपराधी।
अफसर, मंत्री, उजली खादी॥
बंद गाड़ियाँ औ' बंदूकें।
जनहित में कब अवसर चूकें?
गांधी के अनगढ़ थे सपने।
उन्हें सुडौल बनाया हमने॥
काट-कूट के, ठोक-पीट के।
राम-राज लाए घसीट के॥
नायक हों चाहे खलनायक।
जन-गण-मन के हैं अधिनायक॥
तुम जनता! इनकी जय बोलो।
काम जरूरी, फारिग हो लो॥
अजब लोक है, गजब तंत्र है।
भैंस मुक्त, लाठी स्वतंत्र है॥
तंत्र, चीज यह मस्त-मस्त है।
लोक भले ही लस्त-पस्त है॥

ताने लोकतंत्र की छतरी।
हर्षित है छब्बीस जनवरी॥

मुग्ध लुटाए शासन-सत्ता।
राशन, भाषण, साड़ी, भत्ता॥
हर-हर-हर विकास की गंगा।
नहा रहा हर भूखा-नंगा॥
खूब करो पैदा औलादें।
लोकतंत्र की लादी लादें॥
आजू-बाजू हो जाओ सब।
दौड़ेगा विकास का रथ अब॥
चाहे कितनी हो कठिनाई।
जाति न मगर भूलना भाई!!
बारी-बारी से बहुरेंगे।
आजादी की फसल चरेंगे॥
मूरख हैं, जो समझें सारे।
चारे वाले, हैं बेचारे॥
हौदी पर चारा खाएँगे।
बाहर हुए तो पगुराएँगे॥

मेवा चरे राम की बकरी।
विहँस रही छब्बीस जनवरी॥

□

जय हे ! भारत

जय हे ! भारत।
जय, जय भारत॥

उत्तर हिमगिरि है रक्षा-रत।
दक्षिण महा-उदधि नित जाग्रत्।
पूरब-पश्चिम सागर लहरे।
चहुदिशि कीर्ति-पताका फहरे॥

श्री, मेधा, उर्जा-
निधि अक्षत।
जय हे ! भारत।
जय, जय भारत॥

गोवा तट यावत अरुणांचल।
शस्य-हरित, भारत-भू-अंचल।
अगणित सर, नद, मरु, गिरि, कानन।
जीव-वनस्पति-बहुल, सुशोभन॥

जन-गण ज्ञान-
कला अर्जन-रत।

जय हे! भारत।
जय, जय भारत॥

शीशफूलवत् सिंधु-शृंखला।
नदी नर्मदा मध्य मेखला।
गंग-जमुन हैं, सुघर माल, उर।
कृष्णा-कावेरी, पग-नूपुर॥

अमृत-जल सिंचित
भुवि, भारत।
जय हे! भारत।
जय, जय भारत॥

भाषा, भूषा, वेश भिन्न बहु।
एक राष्ट्र में, देश भिन्न बहु।
संप्रदाय, मत तो अनेक हैं।
वर्ण भिन्न, पर हृदय एक हैं॥

है सबका स्वदेश,
प्रिय भारत।
जय हे! भारत।
जय, जय भारत॥

राम, कृष्ण, नानक, कबीर की।
गांधी, गौतम, महावीर की।
वीर शिवा की, गुरु गोविंद की।
गौरव-गाथा अमर हिंद की॥

शुभ अतीत,
स्वर्णाभ भविष्यत।
जय हे! भारत।
जय, जय भारत॥

□

अगर अंतर्दृष्टि सुंदर

अगर अंतर्दृष्टि सुंदर।
सृष्टि सुंदर, सृष्टि सुंदर॥

हरिण का लावण्य अपना,
ऊँट का सौंदर्य अपना।
वृक्ष की अपनी हरित छवि,
ठूँठ का सौंदर्य अपना॥

इस जगत् में वस्तुएँ—
होती नहीं सुंदर-असुंदर॥

सृजन की घड़ियाँ मधुर हैं—
कठिन पीड़ाएँ सुलातीं।
नाश-लीलाएँ सदा ही—
नव-सृजन-आशा जगातीं॥

सुख-दुःख का घोल समरस—
बह रहा जीवन सुनिर्झर॥

ग्राह्य क्या है, त्याज्य क्या है?
यह विवेकाधीन प्रति क्षण।
सर्वथा जो हो असुंदर,
है न ऐसा एक भी कण॥

ब्रह्म के आलोक से है—
दीप्त, प्रति परमाणु, भास्वर॥

शोक क्या, आनंद क्या है?
क्या बुरा, क्या है भला?
दृश्य-पट क्षण-क्षण बदलते,
प्रकृति है, चिर चंचला॥

आँकती जो दृष्टि, उस पर—
प्रिय-अप्रिय का भेद निर्भर॥

□

द्वितीय खंड

मेरे गीत सहज तुम रहना

हुई भोर

हुई भोर।
खग-रव, गूँजा।
संजीवनि बही,
पोर-पोर॥

चिड़ियों ने जंगल-जंगल;
बाँटा, सूर्योदय-संदेश।
मिटा क्लेश, चहुँदिशि मंगल;
अब न रहा, निशि-तम कुछ शेष॥

दुख का
लवलेश न रहा।
सुख-सागर ले
नई हिलोर॥

दिनकर ने कर बढ़ा छुआ,
तालों का एक-एक कमल।
पहले, अरुणाभ कुछ हुआ,
फिर, हिरण्य-वर्ण नील-जल॥

मन का
दारिद्र्य, सब मिटा।
स्वर्ण-वृष्टि, दृष्टि-
ओर-छोर॥

खग, मृग, जल-जंतु सब जगे,
जागा मनुजों का संसार।
धरती के भाग्य फिर उजास,
नष्ट सकल कलुष, अंधकार॥

मसजिदों में
फिर हुई अजान।
मंदिरों में घंटियों-
का शोर॥

□

कवि मन कुल की रीति न छोड़ो

कवि मन कुल की रीति न छोड़ो।

ललित कल्पनाओं की समिधा;
लाओ नव विचार की चूनी।
अंतर्मन की चिनगारी से,
सुलगाओ कविता की धूनी॥

हर्ष-शोक में, धूप-छाँव में,
सम रहने की नीति न छोड़ो॥

संग धूम के, ऊर्ध्वमुखी हों,
गहन वेदनाएँ सब तेरी।
करुणा के वाष्पित बादल, लें—
आर्त-जनों के घर-घर फेरी॥

इस हवि से ही, जग ज्योतिर्मय;
तुम यह सहज प्रतीति न छोड़ो॥

सारा कल्मष जल जाए तो,
तप कर निखरेगा, मन-कंचन।
काल-यज्ञ के ज्वलित ज्वाल में,
होम करो जड़ता के बंधन॥

व्याध-बाण-आहत जिनके उर,
उनसे अपनी प्रीति न छोड़ो॥

□

शेष आशा-अमृत अब भी

किस लिए हम जी रहे हैं।
इस गरल को पी रहे हैं॥

आम्र-तरु निष्फल निरंतर,
नित्य ही विष-बेल फलती।
तम-कलुष की विजय-गाथा,
छातियों पर मूँग दलती॥

छल-अनृत के कुटिल सूए,
सत्य का मुँह सी रहे हैं॥

पर अभी भी डालियों पर,
सुरभि-पूरित पुष्प खिलते।
और माँ की गोदियों में,
शिशु सरल अब भी मचलते॥

शेष आशा-अमृत अब भी;
इसलिए हम जी रहे हैं।
हर हलाहल पी रहे हैं॥

□

लगता है ये घन बरसेंगे

लगता है ये घन बरसेंगे।

ये घन विद्रूपों के घन हैं।
ये घन, कलुषित काला-धन हैं।
जन-जीवन में, विष उड़ेलते,
ये घन, शेषनाग के फन हैं॥

न बरसे तो झुलसेंगे तन;
बरस गए तो मन झुलसेंगे॥

ये घन, अनाचार के घन हैं।
कुत्सित कदाचार के घन हैं।
बाहर-भीतर तम पसारते,
ये घन, अंधकार के घन हैं॥

बंद तिजोरी में बरसेंगे;
खुले खेत-आँगन तरसेंगे॥

□

मेरे अवसाद के क्षण

शक्ति दो मुझको, मेरे अवसाद के क्षण।

कठिन घड़ियाँ जो मनोबल तोड़ती हैं।
सुप्त ऊर्जा स्रोत वे ही फोड़ती हैं।
राह नद का, रोकती हैं जो शिलाएँ,
सहज पथ पर, धार वे ही मोड़ती हैं॥

युक्ति दो मुझको, मेरे अवसाद के क्षण॥

भार के अनुपात में मिलती सबलता।
ताप जितना तीव्र, उतना कलुष जलता।
सूर्य जितना ही प्रखर होता शिखर पर,
हिम शिलाओं को मिले उतनी तरलता॥

मुक्ति दो मुझको, मेरे अवसाद के क्षण॥

है अगर जीवन समर तो मत विरत हो।
ईश का कर स्मरण संघर्षरत हो।
हर चुनौती में रहे उन्नत वही शिर,
शीश जो श्री ईश के सम्मुख विनत हो॥

भक्ति दो मुझको, मेरे अवसाद के क्षण॥

□

मेरे गीत सहज तुम रहना

मेरे गीत, सहज तुम रहना।

जीवन में विद्रूप बहुत हैं;
पग-पग विभ्रम और विसंगति।
बार-बार मर कर फिर जीना,
साँप-छछूँदर वाली है गति॥

भव-सागर के हिचकोलों में,
मेरे मीत, सहज तुम रहना॥

कोयल और पपीहे चुप हैं;
करें उलूक, प्रलाप अहर्निश।
रोते हंस, गिद्ध हँसते हैं;
गर्दभराग, गुंजरित दिशि-दिशि॥

ऐसे में मेरे प्राणों के, मधु-
संगीत, सहज तुम रहना॥

सघन निराशा के घन बरसें;
दुःख का दरिया, लगे उफनने।
वर्तमान हो, तम में लिपटा;
धूमिल हों, भविष्य के सपने॥

यही सोच तब, फिर लौटेगा—
सुखद अतीत, सहज तुम रहना॥

समय विषम हो, अगर स्वार्थ-
वश, छोड़ें साथ तुम्हारे अपने।
मूल्यों में विश्वास न टूटे,
टूटें भले तुम्हारे सपने॥

इस प्रयास में मिले भले ही,
हार कि जीत, सहज तुम रहना॥

□

कितना तो लड़ना पड़ता है

कितना तो लड़ना पड़ता है।

लाख प्रयास करे व्याकुल मन,
पीड़ा मौन नहीं रह पाए।
अनायास फूटें अस्फुट स्वर,
बरबस नयन नीर बह आए॥

पीड़ा के पर गीत मधुर हों,
यह प्रयत्न करना पड़ता है॥

जेठ दुपहरी, घटा सावनी,
शीत अगहनी, छटा फागुनी।
हर ऋतु की स्वरलिपि देती है,
मन-वीणा को भिन्न रागिनी॥

सुख-दुःख, आरोही-अवरोही,
सब ले संग, चलना पड़ता है॥

पैने शब्द, हृदय में चुभते;
अनगढ़ शब्द, छीलते उर को।
घुँघरू, लगते हैं बाजारू;
श्रद्धानत, मन हो नूपुर को॥

अर्थ, अमृत घोले प्राणों में,
शब्द-शब्द, गढ़ना पड़ता है॥

□

मीत मेरे, संग मेरे चल

मीत मेरे, संग मेरे चल।
करने जग के फेरे चल॥

चलना ही तो जीवन है।
जीवन की धुन टेरे चल॥

रात बहुत आराम किया।
उठ, चल सुबह-सबेरे चल॥

सूरज जगा रहा तुझको।
कब के खत्म अँधेरे, चल॥

भव-सागर की लहरों पर।
कश्ती अपनी खे रे! चल॥

वंशी-वन है, बुला रहा।
लकुट-कमरिया ले रे! चल॥

बंधन, बाधा, संशय, भ्रम।
तोड़ के सारे घेरे चल॥

साधो, सच्ची साध अगर।
मन का मनका, फेरे चल॥

ठगिनी, ठगने को तैयार।
पीछे पड़े लुटेरे, चल॥

जो भी गठरी लादी है।
उसे यहीं धर दे रे! चल॥

साँझ हुई, सिमटा मेला।
चल नट, अपने डेरे चल॥

□

साँझ हुई है

साँझ हुई है।
प्रकृति-नटी ने,
सलज निमंत्रण,
फिर भेजा है॥

तरुओं की फुनगी, मंदिर के
कलशों पर से उतर रही है।
गगन-भाल, सागर-कपोल पर
मदिर अरुणिमा पसर रही है॥
चूम रही है, हौले-हौले,
शिखर-शिखर, घाटी-घाटी को।
मधुर निशा के स्वप्न सँजोए,
साँझ सलोनी, सँवर रही है॥

व्योम-सखी ने,
धरा-पुरुष को,
मधु-आमंत्रण,
फिर भेजा है॥

थके हुए सूरज के घोड़ों को
भी, कुछ आराम चाहिए।
श्रम से कातर जीव-जगत् को
भी, किंचित् विश्राम चाहिए॥
नई ऊर्जा, नए स्फुरण
से, फिर से गतिमय हो ज़ीवन।
नव-प्रभात में, नव गति, लय हित,
गति को, एक विराम चाहिए॥

सांध्य-करों से,
सुख-रजनी ने,
निशा-निमंत्रण,
फिर भेजा है॥

सूरज के ओझल होते ही,
सुख की सेज सजाएगी, यह।
तारों के फूलों को चुन-चुन,
चूनर नवल बिछाएगी यह॥
सुघर चाँद का, तकिया रखकर,
मीठे सपन दिखाएगी, यह।
बाँहों में भर, तन की, मन की,
सारी थकन मिटाएगी, यह॥

'लौटौ विहग,
नीड़ को, अपने';
नेह-निमंत्रण,
फिर भेजा है॥

□

प्राची दिशि का दृश्य अनूठा है

उषाकाल में प्राची दिशि का दृश्य अनूठा है।

तम की दृढ़ कारा में है कोई गवाक्ष खुलता।
ज्योति-सलिल से है कोई नभ का आँगन धुलता।
तुम भी करो आचमन, इससे शुचिता आती है।
स्वर्णिम जल से, देखो सारी सृष्टि नहाती है॥

नभ-शिखरों से शुभ हिरण्यमय निर्झर फूटा है॥

उठो लाल, आतुर हो-होकर माताएँ बोलीं।
विहगों के शिशुओं तक ने, अपनी आँखें खोलीं।
वह निश्चित हतभाग्य, जो अब भी रहा तरसता है।
जबकि सूर्य, सब पर अपना ऐश्वर्य बरसता है॥

जिसने जितना पाया, उतना सोना लूटा है॥

पुरवा ढुरी, नए पीपल के पात-पात सिहरे।
पत्तों से छन-छन धरती पर, कनक-कनी छितरे।
तम का भ्रमर प्रतीक्षारत था, कब मकरंद मिले।
किरणों ने चूमा, झीलों में सौ-सौ कमल खिले॥

मधु-लोभी मधुपों का सारा संयम टूटा है॥

मेरा मन यह दृश्य देखकर रोज मचलता है।
रोज सबेरे, पूरब में इक चूल्हा जलता है।
धरती तपे, सिंकी ताजा रोटी का स्वाद मिले।
स्वर्ण कटोरे में, सूरज भी मक्खन सा पिघले॥

बबुआ, तू बासी रोटी को अब भी रूठा है॥

□

मेरा मन केदारनाथ में

यूँ तो मैं घर में बैठा हूँ,
मेरा मन केदारनाथ* में॥

जहाँ प्रकृति तांडव-लीला-रत;
पागल जहाँ हुए हैं बादल।
घूम रहा है उस प्रांतर में,
पर्वत-पर्वत, जंगल-जंगल॥

मेरा मन उनसे जुड़ता है,
बचा न जिनके कोई साथ में॥

किसका साथ कहाँ पर छूटा?
अंतहीन बह रहीं व्यथाएँ।
मलबों में सिसकी लेती हैं,
जाने कितनी करुण-कथाएँ॥

संग तुम्हारे, सब सनाथ थे;
कैसे कुछ बदले अनाथ में?

---

* केदारनाथ त्रासदी, जून 2013

जो विनशे विनाश-लीला में,
उनके प्रति यह हृदय द्रवित है।
किंतु प्रलय से जो बच निकले,
उन्हें देख मन रोमांचित है॥

कौन जिएगा, कौन मरेगा?
है यह विधि के चपल हाथ में॥

थोड़े आँसू की श्रद्धांजलि
उन्हें, नहीं हैं शेष आज जो।
जो विपदा में बचे सुरक्षित,
पथ उनका भी मंगलमय हो॥

महाप्रलय के बाद सृष्टि फिर
नूतन उभरे, नव-प्रभात में॥

□

तृतीय खंड

नज़्म

सौग़ात

ये सितारों की बारात है किसलिए?
ये बहारों की बरसात है किसलिए?
गर नहीं मुझ पे उसकी मेहरबानियाँ,
बारिशों की ये सौग़ात है किसलिए?

× × ×

माहो-ख़ुरशीदो-तारे, नज़ारे हुए।
तितलियाँ, गुल, गुलिस्तान प्यारे हुए।
वादियाँ, दश्तो-सहरा हों, कोहसार हों,
सारे दिलकश नगीने, हमारे हुए॥

× × ×

आबशारों के, चश्मों के, कलकल में है।
शोर-ए-दरिया में है, शोर-ए-बादल में है।
है वही शै धड़कती मेरे सीने में,
जो समंदर की लहरों की हलचल में है॥

× × ×

चूड़ियाँ खनखनाती रसीली हवा।
कजलियाँ गुनगुनाती, नशीली घटा।
पायलें छनछनातीं फिरें बिजलियाँ।
किसकी खातिर सजी हैं ये इंदर-सभा?

× × ×

साज हैं, सुर हैं, नगमात हैं, किसलिए?
कैफ़ो-मस्ती के लम्हात हैं किसलिए?
गर नहीं उसकी, इसमें है कोई रजा,
शीरीं-शीरीं से जज़्बात हैं किसलिए?

× × ×

रूप की, रंग की, कैसी जल्वागरी?
हुस्न की, नाज़ की, इक मुकम्मल परी।
शायरी में घुली, वो महक, वो छुवन—
संदली-संदली, मरमरी-मरमरी॥

× × ×

चाँदनी, चाँद संग लापता रात भर।
काँपती कोपलें, भीगते हैं शजर।
कूकतीं कोयलें, नाचते मोर हैं।
किसलिए धानी-धानी, धरा की चुनर?

× × ×

झूमती बौर पहुँची, पके आम को।
शै पहुँचती है हर, अपने अंजाम को।
ग़ुंचे खिल कर कहें, फूल हँसकर कहें—
कोई भूले न क़ुदरत के पैग़ाम को॥

× × ×

सीमो-ज़र बाँटती, रोज़ों-शब की चलन।
कुछ सुनहली किरन, कुछ रूपहली किरन।
ओस की मोतियों को लुटाती फिरे,
किसकी दरियादिली है, चमन-दर-चमन?

× × ×

आग, पानी, हवा, ख़ाक औ' आसमाँ-
से बना है, हर इक देह का पींजरा।
क्यूँ मचलती न फिर, रूह की बुलबुलें,
देखकर मौसमों की बदलती फ़ज़ा॥

□

चाँद मुबारक

तैंतालीस* बरस पहले,
पंद्रह अगस्त की शब,
थी रात आधी बाकी,
आधी गुजर चुकी थी।
या शाम से सहर की,
मुश्किल तवील दूरी,
तय हो चुकी थी आधी।
ख़त्म हो रहा सफ़र था,
राहों में तीरग़ी के,
औ', रोशनी की जानिब॥

पंद्रह अगस्त की शब,
दिल्ली के आसमाँ में,
उस ख़ुशनुमाँ फ़ज़ा में,
इक अजीब चाँद चमका,
रंगीन चाँद चमका॥

थे तीन रंग उसमें,
वो चाँद था तिरंगा।

(* वर्ष 1990 की रचना)

वे तरह-तरह के रंग थे,
रंग क्या थे वे तरंग थे।
हम हिंदियों के मन में,
उमगे हुए उमंग थे।
क़ुर्बानियों का रंग भी,
अम्नो-अमन का रंग भी।
था मुहब्बतों का रंग भी,
ख़ुशहालियों का रंग भी।
औ', बुढ़िया के चर्खे के,
उस पहिए का निशां भी।
बूढ़े से ले के बच्चे तक,
जिसको जानते हैं॥

पंद्रह अगस्त की शब,
जब रायसीना के इन
नन्हीं पहाड़ियों पर,
यह चाँद उगा देखा।
ऊँचे हिमालया ने,
कुछ और हुआ ऊँचा।
गंगों-जमन की छाती,
कुछ और हुई चौड़ी।
औ' हिंद महासागर,
में ज्वार उमड़ आया।
बंगाल की खाड़ी से,
सागर तलक अरब के।
खुशियों की लहर फैली,
हर गाँव-शहर फैली॥

पंद्रह अगस्त की शब,
जब राष्ट्रपति भवन में।
यह चाँद चढ़ा ऊपर,
चढ़ता ही गया ऊपर।
सूरज उतार लाया,
सूरज कि जिसकी शोहरत
थी, डूबता नहीं है,
वह डूब गया आधा।
इस चाँद की चमक से॥

पंद्रह अगस्त की शब,
इस चाँद को निहारा।
जब लाल किले ने तो,
खुशियों से झूम उठीं,
बेजान दीवारें भी।
पहलू में जामा मसजिद,
की ऊँची मीनारें भी,
देने लगीं दुआएँ।
आने लगीं सदाएँ,
हर ज़र्रे से, गोशे से,
ये चाँद मुबारक हो।
इस देश की क़िस्मत का,
ये चाँद मुबारक हो।
इस हिंद की ताक़त का,
ये चाँद मुबारक हो।
हिंदोस्ताँ की अज़मत का,
चाँद मुबारक हो॥

रोज़े की मुश्किलों के,
थी बाद ईद आई।
क़ुर्बानियाँ शहीदों की,
थीं ये रंग लाईं।
अब फ़र्ज़ है हमारा,
इसकी करें हिफ़ाज़त।
ता, ये रहे सलामत,
औ', कह सकें हमेशा।
हर साल-गिरह पर हम,
ये, एक दूसरे से
कि, चाँद मुबारक हो,
ये तीन रंग वाला।
हिंदोस्ताँ की अज़मत का,
चाँद मुबारक हो।
ये चाँद सलामत हो,
ये चाँद मुबारक हो॥

□

ऐ तिरंगे!

ऐ तिरंगे! तू जहाँ में, हिंद की पहचान है।
हिंद की है शान तू औ' हिंदियों की आन है।
तू हमारे वीर पुरखों की, शहादत का निशाँ।
तेरे ज़ल्वों पर, वतन का हर बशर क़ुर्बान है॥

तू लहरता तो उमंगें, मन की हैं होती जवाँ।
तू फहरता तो रगों में, खून होता है रवाँ।
तुझको छूकर के गुजरती है, मुक़द्दस जो हवा।
झूमता है साँस उसमें ले के, ये हिंदोस्ताँ॥

तू रहे रोशन हमेशा, नभ में सूरज-चाँद बन।
तेरी ही छाया में, लहराएँ सदा गंगो-जमन।
आसमाँ में तू सदा, लिखता रहे हिंदोस्ताँ।
बाँटता यूँ ही रहे, दुनिया को पैग़ामे-अमन॥

तू हिलाता हाथ दुश्मन की तरफ भी मीत सा।
तू फ़ज़ा में गूँजता है, हिंद के संगीत सा।
तेरे रंगों में बहारें, हिंद की होती अयाँ।
तू धरा पर, भारतीयों के सुयश के गीत सा॥

□

ख़्वाबों की रुड़की

जवानी के ज़रख़ेज़ ख़्वाबों की रुड़की।
सवालों की रुड़की, जवाबों की रुड़की॥
रगों में हमारे, बहे खून बनकर,
उसूलों की रुड़की, किताबों की रुड़की॥

ये रुड़की का गुरुकुल, इसी सरज़मीं पर,
मुकम्मल हुई, तरबियत थी हमारी।
बसी इसकी ख़ुशबू है, साँसों में मेरे,
है आँखों में, इसकी फ़ज़ा प्यारी-प्यारी॥

उफ़क़-ता-उफ़क़ है, तसव्वुर पे छाई,
उजालों की औ', आफ़ताबों की रुड़की॥

ये बिल्डिंग, जिसे मेन-बिल्डिंग हैं कहते,
इमारत नहीं सिर्फ, पुरखों की थाती।
बड़े हम हुए लॉन में खेल जिसके,
जिसे याद कर, चौड़ी होती है छाती॥

ज़ेहन में हमारे, महकती है हरदम,
वो बारिश में भीगे गुलाबों की रुड़की॥

वो बिलियड्र्स, टी.टी., वो कैरम, वो म्यूजिक,
वो गपशप, वो क्लब जाके पढ़ना रिसाले।
हमें भूलना मत ऐ! 'गंगा', ऐ! 'गोविंद';
ये जज़्बात, करता हूँ तेरे हवाले॥

दिलों में हमारे, हमेशा बजाती-
है संगीत, मीठे रबाबों की रुड़की॥

ये गुलशन हमारा, हम हैं इसकी बुलबुल,
जहाँ में जहाँ भी रहें, चहचहाएँ।
हसीं अंजुमन, ऐ! मुक़द्दस चमन! हम-
तेरी शानो-अज़मत के ही गीत गाएँ॥

दुआएँ हमारी, सलामत रहे, इल्मो-
फ़न में नए इन्क़लाबों की रुड़की॥

हो यूरोप, अमरीका, जापान कोई,
हो दुनिया में हर ओर इज़्ज़त हमारी।
नई पौध, आती रहे साल-दर-साल,
न सूखे कभी, टेक्नोलॉजी की क्यारी॥

गरजतें रहें शेर, रुड़की के यूँ ही,
बनी ये रहे, कामयाबों की रुड़की॥

□

(टिप्पणी—मैं रुड़की विश्वविद्यालय का वर्ष 1975 का स्नातक हूँ। वर्ष 2000 में रजत जयंती सम्मान हेतु आमंत्रण के अवसर पर मैंने अपने गुरुकुल को श्रद्धासुमन स्वरूप यह नज्म अर्पित की थी। 'गंगा' और 'गोविंद' छात्रावासों के नाम हैं।

—अरुण मिश्र)

चतुर्थ खंड

भावानुवाद

रावणकृत शिवतांडवस्तोत्रम् का भावानुवाद

रावणकृत यह शिवतांडव स्तोत्र न केवल भक्ति एवं भाव के दृष्टि से अनुपम है, अपितु काव्य की दृष्टि से भी अद्‌भुत है। इसकी लयात्मकता, प्रवाह, ध्वनि-सौष्ठव, अलंकार-छटा, रस-सृष्टि एवं चित्रात्मक संप्रेषणीयता सबकुछ अत्यंत आकर्षक एवं मनोहारी है। यह अप्रतिम रचना महामना रावण के विनयशीलता, पांडित्य एवं काव्य-लाघव का उत्कृष्ट उदाहरण है।

अनन्य भक्ति की गंगा, प्रवहमान स्वर-ध्वनि की यमुना एवं उत्कृष्ट काव्य की सरस्वती की इस त्रिवेणी में अवगाहन के पुण्यलाभ के कृतज्ञतास्वरूप इसके भावानुवाद का अकिंचन प्रयास किया है। आप भी पुण्यलाभ लें।

भगवान् शिव मेरा एवं समस्त लोक का कल्याण करें।

शिवतांडवस्तोत्रम् का भावानुवाद

जटा-वन-निःसृत, गंगजल के प्रवाह से-
पावन गले, विशाल लंबी भुजंगमाल।
डम्-डम्-डम्,डम्-डम्-डम्,डमरू-स्वर पर प्रचंड,
करते जो तांडव, वे शिव जी, कल्याण करें॥

जटा के कटाह में, वेगमथी गंग के,
चंचल तरंग-लता से शोभित है मस्तक।
धग्-धग्-धग् प्रज्ज्वलित पावक ललाट पर;
बाल-चंद्र-शेखर में प्रतिक्षण रति हो मेरी॥

गिरिजा के विलास हेतु धारित शिरोभूषण से,
भासित दिशाएँ देख, प्रमुदित है मन जिनका।
जिनकी सहज कृपादृष्टि, काटे विपत्ति कठिन,
ऐसे दिगंबर में, मन मेरा रमा रहे॥

जटा के भुजंगों के फणों के मणियों की,
पिंगल प्रभा, दिग्वधुओं के मुख कुंकुम मले।
स्निग्ध, मत्त-गज-चर्म-उत्तरीय धारण से,
भूतनाथ शरण, मन अद्‌भुत विनोद लहे॥

इंद्र आदि देवों के शीश के प्रसूनों की,
धूलि से विधूसर है, पाद-पीठिका जिनकी।
शेष नाग की माला से बाँधे जटा-जूट,
चंद्रमौलि, चिरकालिक श्री का विस्तार करें॥

ललाटाग्नि ज्वाला के स्फुलिंग से जिसके,
दहे कामदेव और इंद्र नमन करते हैं।
चंद्र की कलाओं से शोभित मस्तिष्क जटिल,
ऐसे उन्नत ललाट शिव को मैं भजता हूँ॥

भाल-पट्ट पर कराल, धग-धग-धग जले ज्वाल,
जिसकी प्रचंडता में पंचशर होम हुए।
गौरी के कुचाग्रों पर पत्र-भंग-रचना के-
एकमेव शिल्पी, हो त्रिलोचन में रति मेरी॥

रात्रि अमावस्या की, घिरे हों नवीन मेघ,
ऐसा तम, जिनके है कंठ में विराजमान।
चंद्र और गंग की कलाओं को शीश धरे,
जगत्पिता शिव, मेरे श्री का विस्तार करें॥

खिले नील कमलों की, श्याम वर्ण हरिणों की,
श्यामलता से चिह्नित, जिनकी ग्रीवा ललाम।
स्मर, पुर, भव, मख, गज, तम और अंधक का,
उच्छेदन करते हुए शिव को, मैं भजता हूँ॥

मंगलमयी गौरी के कलामंजरी का जो,
चखते रस-माधुर्य, लोलुप मधुप बने।
स्मर, पुर, भव, मख, गज, तम और अंधक के,
हैं जो विनाशक, उन शिव को मैं भजता हूँ॥

भ्रमित भुजंगों के तीव्र नि:श्वासों से,
और भी धधकती है, भाल की कराल अग्नि।
धिमि्-धिमि्-धिमि्, मंगल मृदंगों की तुंग ध्वनि,
पर प्रचंड तांडवरत्, शिव जी की जय होवे॥

पत्तों की शैय्या और सुंदर बिछौनों में;
सर्प-मणिमाल और पत्थर में, रत्नों में।
तृण हो या कमलनयन तरुणी, राजा-प्रजा;
सब में सम भाव, सदा ऐसे शिव को भजूँ॥

गंगा तट के निकुंज-कोटर में रहते हुए,
दुर्मति से मुक्त और शिर पर अंजलि बाँधे।
विह्वल नेत्रों में भर छवि ललाम-भाल की,
जपता शिवमंत्र, कब होऊँगा सुखी मैं॥

उत्तमोत्तम इस स्तुति को जो नर नित्य,
पढ़ता, कहता अथवा करता है स्मरण।
पाता शिव-भक्ति; नहीं पाता गति अन्यथा;
प्राणी हो मोहमुक्त, शंकर के चिंतन से॥

शिव का कर पूजन, जो पूजा की समाप्ति पर,
पढ़ता प्रदोष में, गीत ये दशानन का।
रथ, गज, अश्व से युक्त, उसे अनुकूल,
स्थिर श्री-संपदा, शंभु सदा देते हैं॥

इति श्रीरावणकृतं शिवतांडवस्तोत्रं संपूर्णम्।

□

श्रीमद् वल्लभाचार्य कृत मधुराष्टक का भावानुवाद

अधर मधुर है, हास्य मधुर है,
वदन मधुर है, नयन मधुर है।
हृदय मधुर है, गमन मधुर है,
मधुराधिपति का अखिल मधुर है॥

चरित मधुर है, वचन मधुर है-
वलय मधुर है, वसन मधुर है।
चाल मधुर है, भ्रमण मधुर है,
मधुराधिपति का अखिल मधुर है॥

वेणु मधुर, पद-रेणु मधुर, शुभ
पाणि मधुर, मृदु-चरण मधुर है।
नृत्य मधुर है, सख्य मधुर है,
मधुराधिपति का अखिल मधुर है॥

भोज्य मधुर है, पान मधुर है,
गीत मधुर है, शयन मधुर है।
तिलक मधुर है, रूप मधुर है,
मधुराधिपति का अखिल मधुर है॥

कार्य मधुर है, तरण मधुर है,
हरण मधुर, स्मरण मधुर है।
कथन मधुर है, शमन मधुर है,
मधुराधिपति का अखिल मधुर है॥

शिखा मधुर है, हार मधुर है,
यमुना मधुर, तरंग मधुर है।
सलिल मधुर है, कमल मधुर है,
मधुराधिपति का अखिल मधुर है॥

लीला मधुर, गोपियाँ मधुरा
योग मधुर है, भोग मधुर है।
मधुर प्रेक्षण, मधुर आचरण,
मधुराधिपति का अखिल मधुर है॥

गौएँ मधुरा, गोप सब मधुर,
मधुर लकुटिया, सृष्टि मधुर है।
दलन मधुर, प्रतिफलन मधुर अति,
मधुराधिपति का अखिल मधुर है॥

इति श्रीमद् वल्लभाचार्य कृत मधुराष्टक संपूर्ण।

□

श्री वाल्मीकि-विरचित गंगाष्टक का भावानुवाद

यह भावानुवाद, पवित्र शृंगवेरपुर घाट, जनपद प्रयाग की सीढ़ियों पर जुलाई 1995 में हुआ था। इस गंगाष्टक में आदिकवि महर्षि वाल्मीकि ने गंगा को लेकर बड़ी ही मनोहारी, लालित्यपूर्ण एवं भावमयी कल्पनाएँ की हैं, जिनका कृतज्ञतापूर्वक अनुवाद कर पुण्यलाभ लेते हुए, धन्य होने के लोभ का संवरण मेरा कवि-मन न कर सका। मैं इसके लिए उन अनाम पंडितजी का भी कृतज्ञ हूँ, जिन्हें गंगास्नान करते हुए इसका पाठ करते सुनकर, मेरे मन में इस भावानुवाद की प्रेरणा जाग्रत् हुई।

श्री गंगाष्टक का भावानुवाद

माता शैलपुत्री की सहज सपत्नी तुम,
धरती का कंठहार बनकर सुशोभित हो।
स्वर्ग-मार्ग की हो तुम ध्वज-वैजयंती माँ,
भागीरथी! बस तुमसे इतनी है प्रार्थना।

बसते हुए तेरे तीर, पीते हुए तेरा नीर,
होते तरंगित गंग, तेरे तरंगों संग।
जपते तव नाम, किए तुझ पर समर्पित दृष्टि,
व्यय होवे माँ! मेरे नश्वर शरीर का॥

मत्त गजराजों के घंटा-रव से सभीत,
शत्रु-वनिताओं से वंदित, भूपतियों से—
श्रेष्ठ, तव तीर-तरु-कोटर-विहंग, गंग;
तव नर्क-नाशी-नीर-वासी, मछली-कछुआ॥

कंकण स्वर युक्त, व्यजन झलती बालाओं से-
शोभित भूपाल अन्यत्र का, न अच्छा है।
सहूँ जन्म-मरण-क्लेश, रहूँ तेरे आर-पार,
भले गज, अश्व, वृषभ, पक्षी या सर्प बनूँ॥

नोचें भले काक-गीध, खाएँ भले श्वान-वृंद,
देव-बालाएँ भले, चामर झलें नहीं।
धारा-चलित, तटजल-शिथिल, लहरों से आंदोलित,
भागीरथि! देखूँगा कब अपना मृत शरीर॥

हरि के चरण कमलों की नूतन मृणाल सी है,
माला, मालती की है मन्मथ के भाल पर।
जय हो हे! विजय-पताका मोक्ष-लक्ष्मी की;
कलि-कलंक-नाशिनि, जाह्नवी! कर पवित्र हमें॥

साल, सरल, तरु-तमाल, वल्लरी-लताच्छादित,
सूर्यताप-रहित, शंख, कुंद, इंदु सम उज्ज्वल।
देव-गंधर्व-सिद्ध-किन्नर-वधू-स्पर्शित,
स्नान हेतु मेरे नित्य, निर्मल गंगा-जल हो॥

चरणों से मुरारी के, निःसृत है मनोहारी,
गंगा-वारि, शोभित है शीश त्रिपुरारी के।
ऐसी पापहारी माँ-गंगा का, पुनीत जल,
तारे मुझे और मेरा तन-मन पवित्र करे॥

करती विदीर्ण गिरिराज-कंदराओं को,
बहती शिलाखंडों पर अविरल गति से है जो;
पाप हरे, सारे कुकर्मों का नाश करे,
ऐसी तरंगमयी धारा, माँ-गंगा की॥

कल-कल रव करते, हरि-पद-रज धोते हुए,
सतत शुभकारी, गंग-वारि कर पवित्र मुझे॥

वाल्मीकि-विरचित यह शुभप्रद जो नर नित्य-
गंगाष्टक पढ़ता है ध्यान धर प्रभात में;
कलि-कलुष-रूपी पंक, धोकर निज गात्र की,
पाता है मोक्ष; नहीं गिरता भव-सागर में॥

इति श्री वाल्मीकि-विरचित गंगाष्टक का भावानुवाद संपूर्ण।

□

श्रीमच्छङ्कराचार्य विरचित श्री यमुनाष्टकम् का भावानुवाद

मुरारि-तन-सुकालिमा ले नीर में, विहर रही।
समक्ष स्वर्ग, तुल्य तृण; त्रिलोक-शोक हर रही।
कुंज-पुंज कूल के मनोज्ञ; मद-कलुष विदा।
कलिंदनंदिनी, हमारे मन का मल धुले सदा।।

मल सकल विनाशिनी; सुनीर से सुपूरिता।
नंदसुत-सुअंग संग पा के, राग-रंजिता।
प्रघोर-पाप-चोरिणी; सदा प्रवीण; मुक्तिदा।
कलिंदनंदिनी, हमारे मन का मल धुले सदा।।

तरंग के परस से पाप, प्राणियों के हर उठें।
सुभक्ति हेतु तट, सुभक्त चातकों से भर उठें।
भक्त-रूप कूल-हंस-सेविता; सुकामदा।
कलिंदनंदिनी, हमारे मन का मल धुले सदा।।

विहार-रास-श्रम हरे, समीर धीर तीर का।
गिरा कहाँ बता सके, सुचारुता सुनीर का।

नद–नदी–धरा पवित्र, पा प्रवाह शुचिप्रदा।
कलिंदनंदिनी, हमारे मन का मल धुले सदा।।

सुश्यामला; तरंग संग बालुका से उर भरे।
सिंगार, रश्मि–मंजरी शरद के चंद्र की करे।
अर्चना के हेतु चारु–नीरदा; सुतोषदा।
कलिंदनंदिनी, हमारे मन का मल धुले सदा।।

रम्य–राधिका–सुअंग–अंगराग पा खिले।
अंग–संग कान्ह का न अन्य को, इसे मिले।
निज प्रवाह सप्तसिंधु भेदती, शुभप्रदा।
कलिंदनंदिनी, हमारे मन का मल धुले सदा।।

कृष्ण–रंग रंगी, ले गोपियों को भाग्यशालिनी।
राधिका–सुकेश–माल से हुई है मालिनी।
नारदादि कृष्ण–भृत्य, स्नान करें सर्वदा।
कलिंदनंदिनी, हमारे मन का मल धुले सदा।।

मंजु–कुंज खेलते, सदैव नंद के लला।
मल्लिका–कदंब–रेणु से है तट समुज्जवला।
स्नान नर करें, तरें वो भव–उदधि; स्वधामदा।
कलिंदनंदिनी, हमारे मन का मल धुले सदा।।

इति श्रीमच्छङ्कराचार्य विरचित श्री यमुनाष्टकम् का भावानुवाद संपूर्ण हुआ।

□

श्रीमद् शंकराचार्यकृत चर्पटपञ्जरिकास्तोत्रम् का भावानुवाद

भज गोविंद मूढ़मते, भज गोविंद के चरण।
मृत्यु के समीप, साथ देता नहीं व्याकरण॥

रात्रि-दिवस, प्रात-साँझ, शेष हुईं जाती आयु।
क्रीड़ा करे कालचक्र, छूटे पर न आशा-वायु॥

जागे, सहे अग्नि-भानु; सोए, धरे चिबुक जानु।
भिक्षा-भोग, तरु-निवास; छूटे पर न आशा-पाश॥

कमा सकेगा जब तक, देगा परिवार स्नेह।
जर्जर जब हुई देह, पूछे नहीं कोई गेह॥

जटा बढ़ा, केश घुटा, भगवा धरे नाना-वेष।
देख के न देखा; सहे उदर के निमित्त क्लेश॥

किंचित् भगवद्गीता, बूँद मात्र गंगाजल।
जिस पे हरि-चर्चा-बल, उसको यम है निर्बल॥

गलित अंग, पलित मुंड; दशनहीन हुआ तुंड।
हुआ वृद्ध, गहा दंड; छूटा पर न आशा-पिंड॥

क्रीड़ा में बाल्यकाल; तरुणाई तरुणी संग।
वृद्ध तदपि चिंतामग्न; प्रभु का न चढ़ा रंग॥

पुनः-पुनः जन्म-मरण; गर्भ-शयन बार-बार।
लेकर हरि-शरण, करो दुस्तर संसार पार॥

रात्रि-दिवस-पक्ष-मास-अयन-वर्ष बार-बार।
साथ पर नहीं छोड़े आशा-ईर्ष्या-विकार॥

नष्ट-आयु, कैसा काम? शुष्क-नीर-सर, न अर्थ।
नष्ट-द्रव्य, परिजन कहाँ? तत्त्व-ज्ञान, जगत्, व्यर्थ॥

नारीस्तन-नाभि हैं, मांस-मेद के विकार।
मिथ्या ये माया-मोह, सोचे मन बार-बार॥

कौन तुम? कहाँ से हो? सबको असार जान।
जननी औ' तात कौन? तजो विश्व, स्वप्न मान॥

पढ़ो गीता-सहस्रनाम; श्री-पति का धरो ध्यान।
चित्त लहे सत्संगति; दीनजनों को दो दान॥

जब तक तन बसें प्राण, तब तक सब पूछें कुशल।
होती मृत-देह देख, भार्या भी भय से विकल॥

पहले तो सुःख-भोग; पीछे रोगमय शरीर।
नश्वर संसार तदपि, मन पाप को अधीर॥

चिथड़ों से रचा कंथ; पुण्यापुण्य विचलित पंथ।
'मैं, तू औ' विश्व शून्य' जान के भी, शोक? हंत!!

गंगासागर-गमन, व्रत-पालन तथा दान।
मुक्ति नहीं सौ जन्मों तक होगी, बिना ज्ञान॥

इति श्री शंकराचार्य-विरचित चर्पटपञ्जरिकास्तोत्रम् का भावानुवाद संपूर्ण।

□

श्री परमहंस स्वामी ब्रह्मानंद विरचित
श्री रामाष्टक का भावानुवाद

आ कर करें देव-जन वंदन,
सूर्य-वंश के हो तुम नंदन।
तेरे भाल सुशोभित चंदन,
राम परम-प्रभु तुम्हें नमन है॥

विश्वामित्र-यज्ञ के कारक,
शिला-अहिल्या के उद्धारक।
महादेव के धनुर्विदारक,
राम परम-प्रभु तुम्हें नमन है॥

पिता-वचन हित आज्ञाकारी,
तप-वन के तुम बने विहारी।
हे! निज-कर सुंदर धनु-धारी,
राम परम-प्रभु तुम्हें नमन है॥

मृग को मुक्त किया निज सायक,
हे! जटायु के मोक्ष-प्रदायक।
बींधा बालि, कीश-कुल-नायक,
राम परम-प्रभु तुम्हें नमन है॥

वानर-जन से संगति-सम्मति,
बाँधा पुल से महा-सरित्पति।
दशकंधर का किया वंश-क्षति,
राम परम-प्रभु तुम्हें नमन है॥

दीन देव-जन को कर हर्षित,
कपि-जन की इच्छा हित वर्षित।
स्वजन-शोक को करते कर्षित,
राम परम-प्रभु तुम्हें नमन है॥

कर अरि-हीन राज्य का रक्षण,
प्रजा जनों के भय का भक्षण।
करते अस्त मोह के लक्षण,
राम परम-प्रभु तुम्हें नमन है॥

अखिल भूमि का भार लिया हर,
ले निज धाम गए सब नागर।
जगत हेतु हे! श्रेष्ठ दिवाकर,
राम परम-प्रभु तुम्हें नमन है॥

भव-भय उसको नहीं सताए,
जो हो कर एकाग्र-चित्त नर।
रघुवर के इस उत्तम अष्टक
का, करता है पाठ निरंतर॥

इति श्री परमहंस स्वामी ब्रह्मानंद विरचित श्री रामाष्टक का भावानुवाद संपूर्ण।

□

पंचम खंड

विविधा

देखें कौन उठाता है यह बीड़ा?

समर्पण

नवोदितों के लिए फरवरी, 2002 में, लखनऊ में आयोजित कविता-कार्यशाला की, 'उत्तर प्रदेश' पत्रिका के मार्च 2002 अंक में पृष्ठ 56 पर प्रकाशित, सुश्री निधि मिश्रा की रिपोर्ट, इस रचना की प्रेरणा है। अतः यह रचना, उन्हीं नवोदितों को समर्पित है, जिनसे हिंदी कविता के भविष्य के सुरक्षित होने की उम्मीद जगती है।

—***अरुण मिश्र***

देखें कौन उठाता है यह बीड़ा?

(अनुरोध—कृपया इस रचना को कविता न समझें।)

देखें कौन उठाता है
यह बीड़ा?
साहस का काम है,
ऐसे लिखे को छापना।
गो कि धड़ल्ले से
छपतीं हैं, रोजाना
ऐसी ही
तमाम कविताएँ;
नामचीन कवियों की;
सहित्यिक अखाड़ों की
नियत एवं अनियतकालीन
बुलेटिनों में।
(बात कविताओं की है,
प्रकाशनों की नहीं।)

अकसर सोचता हूँ।
पूछता हूँ मन-ही-मन।

क्यों भाई मिश्रजी, शुक्लजी,
बाजपेयीजी, जोशीजी,
तिवारीजी, शास्त्रीजी,
शर्मा साहब, सक्सेना साहब,
चौबेजी, छब्बेजी,
आदि–आदि जी गण;
(नाम से क्या फर्क पड़ता है?)
यह सब
क्या लिख रहे हैं आप?
(कैसे लिख रहे हैं?
पूछना ही निरर्थक है।)
कौन सी कविता गढ़ रहे हैं?
कैसे–कैसे बिंब
रच रहे हैं?
किसके लिए
लिख रहे हैं?
क्या जनता के लिए?
वह जरूर समझती होगी
आपकी कविताएँ,
शायद!
(बतर्ज, यह पब्लिक है,
सब जानती है।)

कैसे पढ़ एवं समझ
पाते होंगे, स्कूलों में
इन्हें बच्चे;
चौदह से चौबीस
वर्ष तक के?

कैसे पढ़ाई जाती होंगी
अध्यापकों द्वारा
ऐसी लालित्यपूर्ण
साहित्यिक रचनाएँ?

तो क्या आपस में
एक-दूसरे के लिए
लिखते हैं?
परस्पर सराहते हैं
और घोषित करते हैं,
एक-दूसरे को वरिष्ठ कवि।
(अहो! रूपं, अहो! ध्वनिः।)
बटोरते हैं पुरस्कार आदि।
हिंदी माता की सेवा हेतु।
देते हैं महिमामंडित साक्षात्कार।
जो पुनः बन जाएँ
कविताएँ,
अगर ऐसे ही फिर
छाप दी जाएँ,
आड़ी-तिरछी।

एक गौरवपूर्ण
साक्षात्कारित उत्तर की
बानगी देखें—
'तमाम विसंगतियों
एवं तद्जन्य उद्वेलनों से
बन जाती हैं,
कविता की पंक्तियाँ;

फिर वे
इकट्ठी होती जाती हैं।
और अब तो
इतनी हो गई हैं कि
मुक्त-हस्त
दान दे सकता हूँ।'
(हाय रे, दंभ!)

मुझे पता है
आप मेरी इस रचना को
सिरे से ही नकार देंगे।
कहेंगे, यह कविता है ही नहीं।
मैं सहमत हूँ।
मैं भी इसे
कविता नहीं मानता।
शायद! वक्तव्य है।
या कुछ कथ्य,
अथवा अभिव्यक्ति मात्र।
न ठीक से गद्य न पद्य;
उपर से
नीचे को लिखीं,
ढेर सारी
छोटी-बड़ी पंक्तियाँ।
(आपके लिए तो कोरी
बकवास है।)
पर श्रीमन्,
यह तो
आपकी ही शैली है।

आपकी ही देन।
आपका ही ऋण।
वही रूप,
वही कलेवर।
कुछ-कुछ वैसा ही
प्रयोगवादी, प्रगतिशील,
क्रांतिकारी, तेवर।
(तुरीयं वस्तु गोविंदं··)

महँगाई के जमाने में
किसी तरह
खरीद पाता हूँ
जब पचास-साठ रुपए का,
कोई अनियतकालीन प्रकाशन;
(बुरा हो, साहित्यिक-
जिज्ञासा का।)
तो कविता के
नाम पर समर्पित,
चार-छह पन्नों पर;
मुख-पृष्ठ पर उद्घोषित
महान् विभूतियों की,
पाता हूँ ऐसी ही
महान् कविताएँ।
जिनकी ऊपर-नीचे लिखी
छोटी-बड़ी पंक्तियाँ
जगह तो ज्यादा खा जाती हैं,
पर दिमाग कम खाती हैं।
(शुक्र है, परवरदिगार का।)

क्यों कि अकसर,
साधारण जनों द्वारा
पढ़ी ही नहीं जाती हैं।
(हाँ, पैसे तो
उतने पृष्ठों के
पहले ही
खा चुकी होती हैं।)

कभी-कभी तो हद ही
हो जाती है।
(या शायद अब तक,
नहीं भी हुई है।)
जब गजलें भी
इसी तरह, टुकड़े-टुकड़े,
छपती हैं।
और गीत भी।
रदीफ, काफिया, बहर,
छंद, लय, ताल, गति,
ध्वनि, अलंकार आदि;
सबके नव होने की
निराला की
कामना को,
ऐसे फलीभूत करते;
धन्य हो सपूत
हिंदी भाषा के
सफल, सुकवि-गण।
(यही तो है नवल-कंठ,
रे! लंठ।)

नामवर आलोचक,
समीक्षक, प्रोफेसर आदि;
आप तो
और भी धन्य हो।
जो नित, उजागर
करते हो इनमें,
तमाम संभावनाशील
विशिष्टताएँ।
और बना देते हो,
किसी को भी कवि;
जब चाहे;
अपनी कलम के जोर से।

और तो और,
अब तो बड़े-बड़े राजनेता,
राजपुरुष;
भाँति-भाँति के,
वैधानिक-संवैधानिक
आसनों पर आसीन;
अध्यक्ष-उपाध्यक्ष;
सबके सब महामहिम;
यहाँ तक कि
जीवन के
किसी भी क्षेत्र में
शीर्ष के निकट पहुँचे
या पहुँचने को आतुर
सारे-के-सारे लोग
हो गए हैं कवि।

या होना जरूरी
लगता है इन्हें।
(विशाल अहं की तुष्टि हेतु,
जरूरी है, इनका कवि
घोषित हो जाना,
कैसे भी।)
जैसे इसके बिना
विद्वान्,
नहीं रहेगा विद्वान्।
विचारक,
नहीं हो सकेगा विचारक।
या दार्शनिक,
नहीं रह पाएगा दार्शनिक॥

कई नंबर एक
हिंदी अखबारों के
स्वनामधन्य,
नामी-गिरामी,
संपादक तो
अपने ही
रविवासरीय,
रंगीन परिशिष्टों में
छाप लेते हैं
अपनी ही कविताएँ,
लंबवत;
फुल पेज बाई टू कॉलम
के स्पेस में,
(पूर्ण पृष्ठ, दो कॉलम चौड़ा।)

‘हे सर्वज्ञ महान्।
दो मुझे भी
अमृत का दान।’
जैसी शैली में।

धन्य हैं
ये सारे सुकवि;
और धन्य हैं वे
संगीतज्ञ जो,
सुर, ताल, लय में
बाँध रहे हैं,
इन कविताओं को।
धन्य हैं वे
पद्मविभूषित नृत्यांगनाएँ,
जिनके नूपुर, इन्हें
जीवंत कर रहे हैं।
बहुत से पहुँचे हुए,
अति संवेदनशील
निर्देशक तो
इन पर फिल्में भी
बना रहे हैं।
काव्य और कला का
ऐसा सम्मिश्रित समुत्कर्ष!
धन्य हो रही है हिंदी;
धन्य है अपना भारतवर्ष॥
(बड़ी किरिपा है
सरस्वती मइया की।
या इसमें,

लक्ष्मी माता की
कोई चाल है?)

ऐसे में,
मुझ जैसे अल्पज्ञ,
मूढ़ों की
समस्या यह है कि,
मैं सूर, तुलसी,
कबीर, जायसी,
बिहारी, मीरा,
पद्माकर, घनानंद, मतिराम,
प्रसाद, पंत, निराला,
महादेवी, बच्चन
आदि का क्या करूँ?
उन्हें अब कवि समझूँ,
या नहीं?
गो कि स्कूलों में
उन्हें ही पढ़ा है,
कविता के नाम पर।
और शायद अब भी
पढ़ते होंगे,
मुझ जैसे
नासमझ विद्यार्थी;
और पढ़ा रहे होंगे,
आप में से
अधिकांश विद्वानों
जैसे ही प्रोफेसर।

हालाँकि अब नहीं होती हैं,
वे समस्यापूर्तियाँ भी;
जिनसे अनेक
सत्तर पार के
कवियों ने
सीखा था,
कविता का
ककहरा।
(खैर, अब तो कोई
समस्या ही
नहीं रही।)

पर इस सबसे
एक बात जरूर
समझ में आती है
कि कविताएँ शायद,
दो तरह की होती हैं।
(बतर्ज़ घरवाली,
बाहरवाली।)
जैसे कि
आंतरिक और
बाह्य नैतिकताएँ;
कथनी और करनी;
सिद्धांत और व्यवहार।
तुलसी, बिहारी, प्रसाद,
बच्चन जैसे आउटडेटेड,
घिसे हुए रिकॉर्ड।
और आधुनिक, प्रतिष्ठित,

प्रतिस्थापित, पुरस्कृत;
वरिष्ठ कविगण।
नामधारी, नामवर, नामचीन।
नमनयोग्य।
अहो! सर्वथा नवीन।
(नमःपुरस्तादथ पृष्ठतस्ते,
नमोस्तु ते सर्वत एव सर्व।)

मुझे पता है;
कोई भी नहीं मानेगा,
मेरे इस लिखे को,
कविता।
मैं भी नहीं मानता।
पर कैसे भिन्न है यह,
कविता के नाम पर
छपते हुए, गद्यमय
वक्तव्यों से?
यह भी परे है,
सामान्य समझ से।
(सामान्य समझ से
विशिष्ट को समझेगा, मूढ़?)

इसीलिए फिर
कहता हूँ;
इसे छापना,
साहस का काम है।
कौन उठाएगा
यह बीड़ा?

□

सौ वर्ष तक के बच्चों के लिए मीठे जाइकू

जाइकू संरचना—

- *तीन पंक्तियाँ*
- 3–5–3 *का क्रमशः पंक्तिवार शब्द विधान*
- *प्रथम एवं तृतीय पंक्ति तुकांत*
- *गंभीर अंतर्कथ्य, सरल कथन*
- *जापानी हाइकू अभिप्रेरित, पूर्णतः भारतीयकृत, अभिनव विधा*
- *हाइकू से सर्वथा भिन्न*
- *जाइकू का 'जा' जायका (स्वाद) एवं शेषांश हाइकू से ध्वनि-साम्य हेतु*
- *प्रवर्तक— अरुण मिश्र*
- *प्रवर्तन काल— जुलाई* 2004
- *हाइकू पर व्यंग्य अभीष्ट नहीं। हाँ, उसकी भेड़-चाल पर अवश्य।*

कुछ बानगी—

दुनिया एक जलेबी।
भीतर रस से सनी, पगी,
बाहर कुरकुरी, फरेबी॥

(अंतर्कथ्य— जगत-प्रपंच)

मथुरा पेड़ो भाय।
न खाए, सो तो पछताए,
खाए हू पछताय॥

(अंतर्कथ्य— कर्म-फल-आसक्ति)

मानुस है रसगुल्ला।
रस में डूबा, फूला-फूला,
निचुड़े पर कठमुल्ला॥

(अंतर्कथ्य— मानव मन)

बरफी खोए केर।
बदले रूप, दूध-चीनी भए,
अस्सी रुपए सेर॥

(अंतर्कथ्य— रूप-गुण परिवर्तन)

□

प्यारे बच्चे, भूखे बच्चे

— भूमिका —

‘सूबे के ऐ! हुक्मरानों, वक्त के आका सुनो।
नन्हे बच्चों के हकों पे, डालो न डाका सुनो।
देश की ऊँची अदालत का भी ऐसा हुक्म है।
बच्चे अब स्कूलों में, न करेंगे फाका सुनो॥’

— वेदना —

ये बच्चे, प्यारे बच्चे हैं।
आँखों के तारे बच्चे हैं।
ये बच्चे फूल हैं बगिया के।
ये राजदुलारे बच्चे हैं॥

ये बच्चे, भारत के दिल हैं।
ये भारत के मुस्तकबिल हैं।
कुछ इनमें नंगे-भूखे हैं।
कुछ बच्चे सूखे-सूखे हैं॥

ये कम खुराक के हैं शिकार।
हम कहें इन्हें, स्कूल चलो।
तुम कठिन पहाड़े याद करो।
औ' आग पेट की भूल चलो॥

इन बच्चों को स्कूलों में,
जो मिले दोपहर का भोजन।
ढेरों आएँ, मन लगा पढ़ें,
शिक्षा पे व्यर्थ न होवे धन॥

तन-मन से स्वस्थ यही बच्चे,
लड़ पाएँगे बीमारी से।
संपदा बनेंगे भारत की,
शिक्षित, विमुक्त लाचारी से॥

अच्छी विद्या ये सीखेंगे,
उत्तम भोजन से हो पोषित।
होंगे तन-मन से स्वस्थ, सबल,
कोई न सकेगा कर शोषित॥

इस बाल-दिवस पर मंचों से।
लफ्फाजी होगी बार-बार।
जयकारों से घिर नेतागण,
भाषण उगलेंगे लगातार॥

मंचों से प्रवचन उछलेंगे,
औ' बुद्धिजीवियों के विचार।
घड़ियाली आँसू टपकेंगे,
बच्चों के हित में लगातार॥

इस राजनीति के होवेंगे,
लेकिन फिर से बच्चे, शिकार।
कोई नेता, कोई मंत्री,
ऐ काश! कि होता शर्मसार॥

बाल दिवस, 14 नवंबर, 2002

□

होरी कै धूम-धमाल भयो है

झूम उठ्यो सगरो ब्रज मंडल,
होरी कै धूम-धमाल भयो है।
कारे-कन्हैया पे दूजो है रंग
चढ्यो, यहु खूब कमाल भयो है।
राधा के रंग में स्याम रँगे,
अरु राधेहु कै अस हाल भयो है।
कान्हा के हाथ लगे न अबै,
तबहू कस गाल गुलाल भयो है॥

× × ×

होरी की भोर में, नंद-किसोर ने,
लाग्यो है कीन्ही, बिसेस तयारी।
झोरी अबीर की, काँधे धरी,
अरु हाथ लई है, नई पिचकारी।
पातन बीच लुकाइ के, घात सों,
गोरी पे, रंग की धार जु डारी।
काँकरि मारी, न गागरि फोरी,
अचंभित राधा, भिजी कत सारी॥

□

भोर और साँझ

आजु कै भोर, भई अस भोर,
न भोर भई, कबौं ऐसी सुहानी।
आजु कै घाम, लगै हिम सों,
पछुवाई लगै, पुरवा सी सुहानी॥
रंग, तरंग, उछाह, उमंग, मथ्यौ;
मन में चली ऐसी मथानी।
माखन-माखन प्रीति, कढ़्यौ,
बिलगाइ सबै, अप्रतीति कौ पानी॥

× × ×

आजु कै साँझ, बिखेर गई चहुँ ओर,
नशीली-नशीली निसानी।
ओर ते छोर, गुलाबी भयो,
ज्यूँ गुलाब के बाग पे छाई जवानी॥
आजु न जोर चलै मन पे,
मन मेरो, मुझी सों, करै मनमानी।
लागै कि डोर बँधी कहुँ और,
किसी चितचोर से जानी-अजानी॥

□□□